AF366453

Pedro Mendoza Casp

UN

UN

Pedro Mendoza Casp

versió original
primera edició

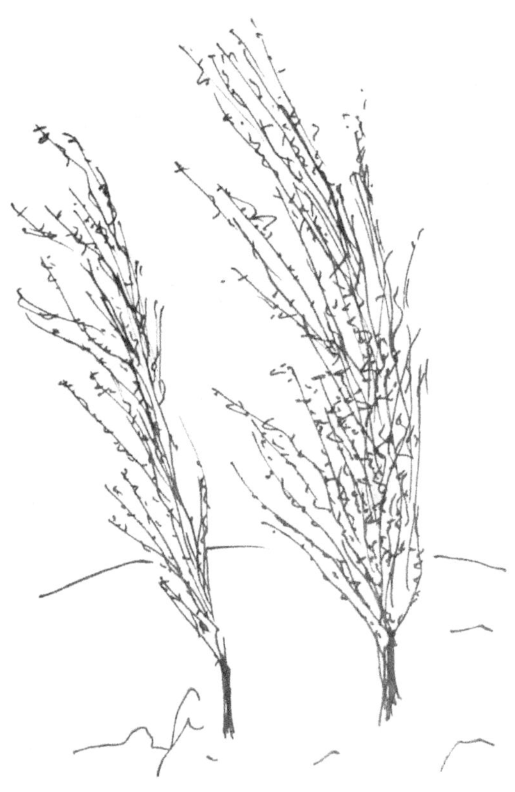
Kati Gasp 21

Sentir

Kati Casp 21

I

Amaneix.
Sí, amaneix...

Amaneix a la vora d'un riu,
enmig del camp,
a la fi d'un pont.

Amaneix.
Sí, amaneix...

Al començar el camí,
al trencar la nit.

Amaneix.
Sí, amaneix...

Al ferm del terra,
al lluny de l'au.

Amaneix.
Sí, amaneix...

II

A quina bandera responem?

A quin nom ens girem?

Rosa tardana, roba vella,
arbres caducs, brossa seca.

Ànsia per morir massa joves!

Eterna malaltia,
crema, torna i mana.

Mort a soles entre fum i merda,
vida seca i ja podrida.

Futur esperat sense nom.

El dia que s'obri
no aguanta la duresa
de paraules, rialles i mirades.

Rosa tardana, roba vella,
arbres caducs, brossa seca.

Àngels sense ales
moren tombats en bressols.

Mirades dures
alleujades per foscor...
sense amor.

Ànsies per volar,
tallades per les vies d'un tren.

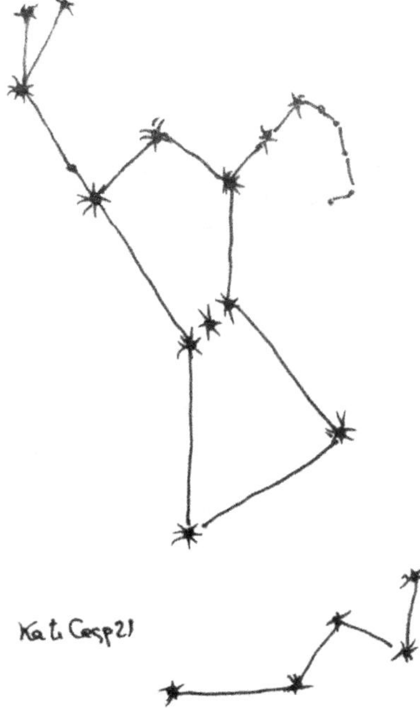
Kati Cesp21

III

Com de gran ha de ser el vostre cel
per abrigallar tantes ànimes
que venien de cossos tan xicotets!

Tan curta va ser la vostra vida
deixant infinitament llarga
la nostra ferida!

IV

14

Possiblement,
mal ó be,
tots tenim que dir.

Amor, odi, passió,
cert, fals, graciós...

V

15

Quants versos he escrit de jove?
Quins i quants escriuré de vell?

Madur o verd
escric com sóc
i em sent.

Sí, sent l'amor,
ajunte les paraules,
no talle el traç.

Donant-me tot.
Romandre prop.

Aspira i sospira.

VI

Pot ser,
sense ànsies d'estar,
amb ganes de dir.

Pot ser,
escric sense saber,
sense cap esforç.

Pot ser
el meu diari,
un pensament,
que qualsevol pot fer,
que jo no escric.

VII

Ulls que miren.
Ulls que parlen.
Ulls que callen.
Ulls que atorguen.
Ulls que riuen.

Tendra veu que sospira.
Dolç alè que guarda.

VIII

Pensem que estem sols
quan no ho estem.

I quan estem, pensem
per què estem?
i per què som?
i per què ho fem?
i si volem?

IX

Per què?
Per què diuen mal, quan és fam?
Per què diuen fem, quan és feu?
Per què diuen diu, quan és dic?
Per què diuen com, quan és què?
Per que diuen anem, quan és ves?
Per què diuen és, quan és som?
Per què diuen tu, quan som nosaltres?
Per què diuen ell, quan sóc jo?
Per què?

X

Sàtir... com tu
fogós amant.
Rei del fang!

Agafa'm, trenca'm,
moldeja'm, esclata.

Mima'm, acaba'm,
mira'm, descansa.

XI

22

Fes que la terra siga roja
i que jo puga modelar-la!

Fes que la fulla siga blanca
i que jo puga escriure-la!

XII

23

Que fàcil es deixar!

Soltar la mà
del que la dóna.

Obtús el pensament
i difús el sentiment
quan m'espera la tragicomèdia
de l'amor i el desamor.

XIII

24

Que difícil és sentir!
quan tens l'ànima ferida.

Quin esforç fa el pensament!
per a dir-li al cor:
batega!

XIV

25

Tomba'm, pega'm, trenca'm!

Que jo m'alçaré, m'aguantaré
i em recompondré!

Kati Gasp 15

XV

Mira al cel i alena.

Parla en ulls de xiquet,
Sent en pell d'amant,
Camina en peus lleugers.

Que bonic és veure la vida com viu!
Que atractiu és parlar als ulls!

Quantes coses passen en segons!

XVI

Fent el somriure
des de terra,
el cel ja el veuré.

Fent el camí
sense presa, a poc a poc.

Fent el "sé"
i el "no sé".

Fent el que em passa
i no fent el que passa.

Fent, que mai desfent
ma vida.

A mon Pare i ma Mare

I

Pare, sense tu, no sabria
que vinc del fang.

Mare, sense tu, no sabria
modelar-lo.

Mare, sense tu, no tindria
la idea de vida.

Pare, sense tu, no sabria viure-la.

Pare, sense tu, no sabria
apreciar la llum del Sol.

Mare, sense tu, no sabria
aprofitar-la.

Mare, Pare, sense vosaltres, no seria
ni la mitat de l'home
que m'heu descobert
que puc ser.

II

32

Mare, no, no plores.
Ferm, al terra està el pare
que ens ajuda
a posar un peu, un altre...

III

Pare,
he de dir-te tantes coses...
i ja no estàs.

La major està preciosa
i la xicoteta té un somriure...

Ja no estic amb ella,
ni amb l'altra...
i el cor es trenca quan pense.

Estic bé, tranquil, pensant
que em feia falta.

Tan mal ho faig?
Intente fer-ho bé.

He obert el teu armari
i feia olor a tu.

Et trobe a faltar,
tinc son, demà parlem.

IV

Pare:
que gran i redona
sona la paraula
pare.
No és tan paraula
sinó sentiment.

Pare.
Enyor.

Pare,
agraït per sempre.

Pare,
que no sonen a comiat
aquestes paraules,
perquè encara ens queda
camí a recórrer junts.

Tu, dins de mi
i jo, dins de tu.

A les meues Filles

35

Kati Gasp 21

I

Fes, que no és res.
Fes que la lluna no es pose,
fes que els somnis arriben,
fes que els ulls
sempre miren al cel
i que els peus estiguen en terra.

Res de plors per gent
que no ho mereix.

Fes que la vida siga teua,
fes que el camí es camine...

Viu perquè et toca viure
i sempre, sempre, sempre
tingues clar que jo visc per tu.

II

Fosc, sense ganes.

Llum de somriure.

Plora sense consol
i baixa el mirar
sense emetre paraula.

Somiant que no està,
que vola al cel,
que és princesa
en un castell de sucre.

No plores, princesa!

III

Dos sols en tinc,
i em diuen que cal donar
la vida per elles.

No sap que la meua vida ja és seua?
No sap que visc per cada una d'elles?
No sap que em falta l'aire
cada dia que passa sense veure-les?
No sap que tinc que estar en mi,
per poder estar en elles?

Perquè elles son jo
i jo sóc en elles.

Kati Gasp 21

IV

41

Fes de l'esperança
un camí.

Fes del camí
la teua vida.

Fes de la teua vida
un silenci.

Silenci de pensar.
Silenci de sentir.
Silenci de mirar.

V

42

Marca les ratlles del destí
i abandona les grans escenes del vent.

Plora rius de sang
i fes canviar la vora del mar.

Trenca les ales
i corre a la vida, que et porta avantatge.

Fes-te canviar el nom, si vols el cos
i viu sencer.

Acaricia el sol, juga amb la lluna
i sent la terra que et puja als peus.

Als meus

43

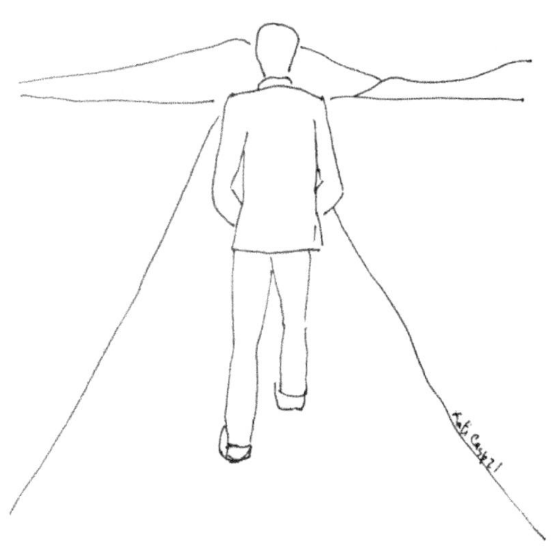

I

45

Cada matí
quan m'alce
pense en tu
i en tu, i en tu, i en tu...

Perquè vosaltres
sou jo.

II

No sé si sé el que sé,
si ho sé, ni per què ho sé.

No sé si sóc el que sóc,
si ho sóc, ni per què ho sóc.

Tan sols sé el que sé
i sóc el qui sóc.

Sé, que fent camí
somric al sol de cada matí.

Sé que sent família
em faig a mi
perquè sóc
família i amic.

III

47

Riu...
taronja, blau, marró.

Mira...
blanc, turquesa, marí.

Plora...
cendra, negre, cremat.

Cega't...
plata, verd, daurat.

IV

A Jordi

Amic amat...
Tan sols amic?
A més amat.

Enyorança inquieta,
finestra tancada,
inconfusible sensació
de melancolia i goig.

Atemptant a la raó
de l'honestedat de l'home.
Amagat en el racó
de la claredat del cor.

Amic amat...
Tan sols amic?
A més amat.

Introduint la facultat
del sentiment, lleugerament.
Acariciant, tranquil·litzant
el fort bateig dels pensaments.

Tan sols amat?
A més amic.

V

Quin goig, amic,
quan podem parlar.

Quin goig,
quan podem viure
un tros de camí junts.

Quin goig
Quan et sent amb mi
encara que no estigues ací.

Quin goig
poder dir-te AMIC!

VI

50

Amic,
les paraules sobren
quan dic més.

Les paraules falten
quan intente descriure
que és sentit,
i no només sentiment.

Olor a vida.
Gust a record.
Tacte a terra.

VII

51

Vista al davant
oït al somni.

Et sent,
amic.

KatiCasy 21

VIII

53

Fent camí, amic,
a poc a poc,
corrent a vegades,
sempre precises.

Fent camí, amic,
junts pel cor
ara i per sempre.

Amic, fem camí.

IX

54

Amic, si creus que no pense en tu
PENSA'M!

Amic, si notes que no estic amb tu
SENT-ME!

Amic, si creus que no t'enyore
ABRAÇA'M!

Perquè tu ets la raó del jo.

A ella

55

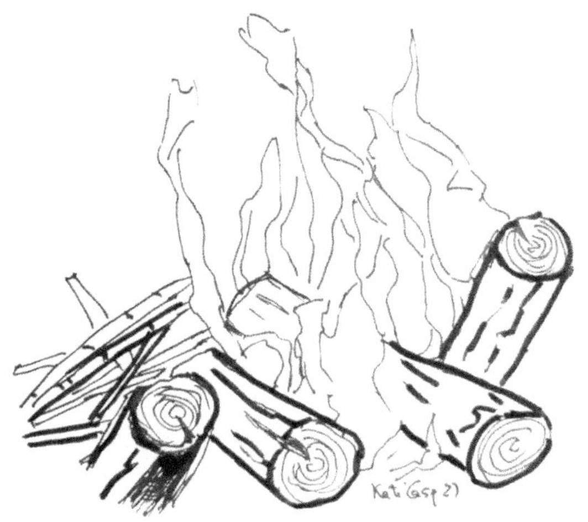

I

57

Tendresa submisa a les rialles eixerides
dels teus ulls.

Fam tallada per la lleugera brisa
dels teus llavis.

Flama que no crema,
fusta incombustible,
vent que no despentina els cabells.

Sol que no brama,
obscuritat lluminosa,
terra que no es xafa
amb el peus humits de llàgrimes.

Bellesa oblidada per la paciència del ser.

Set eclipsada per la saviesa del per què.

Enyorança que és molta,
alegria que encara més,
ansietat que és tot el camí a la vista.

II

58

Ulls caiguts, amor pausat.
Terra ferma anhelant ser xafada.
Ritme a destemps amb so delicat i dolç.
Ones suaus d'alè calent.
Carícies tendres que trenquen
en paraules nervioses.

Em mira dient-me: ET VULLC!

Graciosos caragols. Ja estic en casa.
Regal del fang fet cos,
del cel fet llum,
del foc fet sol.

La mire dient-li: ET VULLC!

¿No ho saps?

III

59

Tenebrosa tempestat de sentiments.

Tardor caiguda al trenc d'alba
fent més mal que bé.

Acaronant els teus llavis
els meus pensaments.

IV

60

Enyorança que es guarda a la gola
per no dir-la als ulls.

Plore en paraules sordes
per no sentir el teu alè.

V

Deixa'm!!
no d'abandonar, sinó de permetre.

Sent-me!!
de sensació, no de sentit.

Atén-me!!
no escoltes, mima'm.

Mira a l'interior,
espai, en paciència,
és fràgil però inquiet.

VI

62... no

A May

Tal vegada al vespre...

Tal vegada, al vespre
et trobaré al final del camí.

Tal vegada, al vespre
podré dir-te: vine amb mi.

Enjorn, podré sentir l'alè
dels teus ulls al despertar!

VII

63

A May

Crida el teu nom a la lluna,
que a l'altre costat del món jo el sentiré.

Guarda el meu cor en una caixa,
que jo on estiga el faré bategar.

Tin els meus ulls,
que ja no em serveixen si no et veig.

Fes que la meua ànima viatge on estàs.

VIII

A May

De vegades
tinc la sensació
de no dir-t'ho prou...

Escric per a que no
se'm talle la paraula
i poder dir el que calle.

Tan sols dir,
que crec que no et dic prou...

Gràcies!

Per dir i callar
quan cal...

Per fer molt
del no res.

Gràcies!

Per donar sense esperar
quan cal...

Per voler discretament
serena i forta.

Gràcies!

Per estar i no estar
quan cal...

Per riure i plorar,
per escoltar i parlar.

Per recórrer el camí,
sempre amunt
al meu costat.

IX

A May

M'agrada sentir l'alè del vent
quan m'acaricia la pell.

M´agrada pensar en tu
quan camines,
quan pares,
quan mires,
quan calles.

M'agrada notar la mà
del sol quan em toca.

M'agrada pensar en tu
quan plores,
quan rius,
quan sospires,
quan dorms.

Castellà

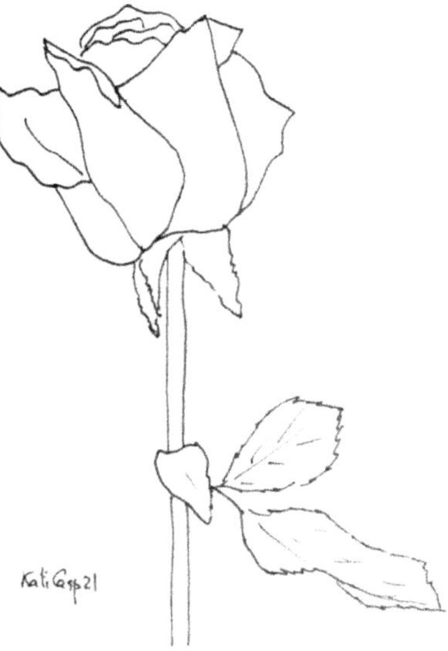
Kati Gasp 21

I

Cerca, entre las espinas,
inalcanzable,
una flor.

Caído entre las ramas
un pétalo.

De la tierra
una sonrisa.

II

72

Le ofrecí
el brillo de mis ojos.

Lo rechazó
con el destello de sus dientes.

III

Anda, corre, vuela.
¡Puedes irte!

Salta, ríe, sueña.
¡Tienes suerte!

Goza, vive, baila.
¡Quiero verte!

Pero prométeme, Vida,
no volverte.

IV

74

Grandes ojos
acariciando las palabras no dichas,
sin falta alguna...

Sentimientos truncados
por labios descompasados,
insinuando dejarla en el aire.

Respuesta mal entendida,
con esperanza, sin gloria.

Musa entre las musas, ángel caído.
¡Déjame tocarte
antes de desvanecerte!

V

A May

Te doy la luna,
y quizá mi mirada.

También mi voz,
a lo mejor una estrella.

Suspiros.

Amanece.

Miro y sigues ahí,
quizá anochezca
y muera la calma que me das.

Keti Casp 21

VI

A May

Déjame que te venda el aire
porque ya no puedo respirar.

Te regalo mi mirada
porque no puedo verte.

Luz, aire, fuego, paz,
sol, luna, caricia,
deseo, almohada.

Atentamente tuyo.

Las palabras,
desordenadas todavía,
recorren el brazo para pasar al papel
y decir te quiero.

Rumor desconsolado
que gimen las ramas de los árboles
en los que te sentaste.

Corazones exaltados
que cantan distantes.

Alianzas,
amaneceres rojos
que rompen el silencio.

Atentamente tuyo.

Acércate, tócame, huéleme,
respírame, mírame.

Acompáñame hacia el camino
que hagamos juntos.

Atentamente tuyo.

Índex

79

www.ingramcontent.com/pod-product-compliance
Lightning Source LLC
La Vergne TN
LVHW041227200726
843507LV00013B/2600